RELATION

DES CÉRÉMONIES

CIVILES ET RELIGIEUSES,

DE LA FÊTE

DU ROI DES FRANÇAIS,

CÉLÉBRÉE

A AUTERIVE, LE 1.er MAI 1832.

RELATION

DES CÉRÉMONIES

CIVILES ET RELIGIEUSES

Qui ont eu lieu le 1.er Mai 1832,

POUR LA CÉLÉBRATION DE LA FÊTE

DU

ROI DES FRANÇAIS,

AUX FRAIS

DE MM. MAURETTE ET COMP.e,

CONCESSIONNAIRES DU PONT SUR L'ARIÉGE,

A AUTERIVE.

TOULOUSE,

IMPRIMERIE DE CAUNES, RUE DES TOURNEURS.

—

1832.

RELATION

DES CÉRÉMONIES

CIVILES ET RELIGIEUSES

QUI ONT EU LIEU LE 1.er MAI 1832 , POUR LA CÉLÉBRATION DE LA FÊTE DU ROI DES FRANÇAIS , AUX FRAIS DE MM. MAURETTE , INGÉNIEUR DES PONTS - ET - CHAUSSÉES , ET COMP.^e , CONCESSIONNAIRES DU PONT SUR L'ARIÉGE , A AUTERIVE.

LA Société du Grand-Pont d'Auterive, par l'intermédiaire de son Directeur, eut l'honneur d'écrire, le 14 mars 1832, à M. le Maire de la commune de même nom, pour lui annoncer qu'elle s'estimerait heureuse qu'il voulût bien, *assisté de MM. ses Adjoints et de MM. les Membres du Conseil Municipal*, poser la dernière pierre du monument en question , avec toute la pompe employée ordinairement en pareille circonstance,

La Société fit part, en même temps, à ce Magistrat que le jour de la pose de cette dernière pierre avait été fixé au 1.er mai suivant, anniversaire de celui de la pose de la première pierre du même Pont.

Enfin, à cette lettre, il fut joint un programme de fête adopté le 26 février précédent (1).

Le même jour, 14 mars, M. le Maire d'Auterive accusa la réception de la lettre précitée et du programme qui y était joint ; il annonça, en même temps, qu'il mettrait ces deux pièces sous les yeux du Conseil Municipal, et qu'en temps opportun il ferait part de sa décision (2).

Le 16 avril suivant, M. le Maire d'Auterive fit connaître les motifs qui l'empêcheraient, lui et MM. ses Adjoints, de répondre à l'invitation qui leur avait été faite ; il renouvela, en même temps, la promesse de mettre sous les yeux du Conseil Municipal, à sa première réunion, et la lettre qui lui avait été écrite et le programme qui l'accompagnait (3).

Huit jours après cette date, c'est-à-dire le 24 avril, M. le Maire d'Auterive annonça à M. le Directeur de la Société, avec prière d'en faire part à qui de droit, qu'il *assisterait* à la cérémonie de la pose de la dernière pierre

----

(1) Copies de cette lettre et de ce programme sont ci-jointes, sous les n.os 1 et 2.

(2) Copie de cet accusé de réception est ci-jointe, sous le n.º 3.

(3) Un extrait de cette lettre est ci-joint, sous le n.º 4.

du Pont d'Auterive ; mais il n'ajouta point qu'il ferait l'honneur à la Société de poser cette dernière pierre, *entouré de MM. ses Adjoints et de MM. les Membres du Conseil Municipal,* précisément ce qui était vivement désiré par tout le monde (1).

Dès lors la Compagnie n'ayant pas la certitude de voir M. le Maire, *assisté de MM. les Adjoints et de MM. les Membres du Conseil Municipal,* poser la dernière pierre du Pont, dût renoncer à l'espoir fondé qu'elle en avait conçu, et se borner à la seule célébration de la Fête du Roi des Français, pour laquelle elle avait eu soin aussi de faire des préparatifs.

Pour ajouter à la pompe de cette Fête, ainsi qu'à tout ce qui serait dans le cas d'en réhausser l'éclat, autant que ses facultés pouvaient le lui permettre, M. Maurette, ingénieur des ponts-et-chaussées, concessionnaire du Grand-Pont d'Auterive et Directeur de ses travaux, écrivit, le 20 mars dernier, à M. le Maire de la même commune, pour lui annoncer qu'il prenait l'engagement d'ajouter la somme de trois cents francs à la dot de la fille qui, la première, se présenterait devant lui pour déclarer qu'elle consentirait à retarder ou à avancer son ma-

____

(1) Un extrait de cette lettre est ci-joint, sous le n. 5.

riage, de manière à ce qu'il pût avoir lieu le 1.er mai suivant ; bien entendu toutefois que la préférence devrait être accordée à une ouvrière, ayant travaillé au Grand-Pont nouvellement construit sur l'Ariége, à Auterive (1).

Trois jours plus tard, c'est-à-dire le 23 mars, M. le Maire d'Auterive répondit à M. Maurette que l'autorité municipale n'avait pu qu'applaudir aux sentimens patriotiques qui lui avaient inspiré l'idée d'une offre si généreuse, et qu'elle se félicitait, en même temps, de l'occasion qu'il lui fournissait d'augmenter l'éclat de la Fête du Roi des Français.

Ce Magistrat terminait sa lettre par annoncer que la nommée *Germaine Razés* étant allée la première lui déclarer qu'elle se présentait devant lui, dans l'intention de se faire inscrire pour avoir droit à la gratification offerte ; ce serait cette ouvrière qui, aux termes de sa lettre, serait la Rosière du 1.er mai (2).

En conséquence de tout ce qui est rapporté ci-dessus et d'autre part, la perception du péage en régie, qui avait commencé sur le Grand-Pont d'Auterive le 24 mars dernier, cessa le 30 avril suivant, au coucher du soleil,

---

(1) Copie de cette lettre est ci-jointe, sous le n.° 6.
(2) Copie de cette lettre est ci-jointe, sous le n.° 7.

et la Fête Royale du lendemain fut annoncée par une salve de plusieurs coups de canon. Le dessus du Pont fut aussitôt couvert de monde.

A la clarté de torches allumées, des Membres de la société exécutante du Grand-Pont d'Auterive, accompagnés des ouvriers et ouvrières y ayant travaillé, leur Directeur en tête, se rendirent en masse, mais dans le plus grand ordre, précédés des musiciens de toute espèce, venus exprès de Toulouse, au-devant de la porte de la maison de la fiancée. Là il fut joué plusieurs airs analogues à la circonstance, et chanté divers hymnes patriotiques. Les cris de vive le Roi ! vive la Reine ! vivent les Princes et les Princesses français, se firent aussi entendre à plusieurs reprises.

Le cortége parcourut ensuite, à la satisfaction générale, les principales rues de la ville d'Auterive et de ses faubourgs, faisant toujours entendre les mêmes airs, les mêmes chants et les mêmes cris.

De retour sur le Grand-Pont, à dix heures du soir, il y fut lancé dans les airs un bouquet composé d'un grand nombre de fusées, qui ravirent tout le monde par leur élévation extraordinaire et la variété de leurs artifices.

Le 1.er mai, à la pointe du jour, la Fête Royale fut annoncée, comme la veille au soir, par une nouvelle salve de plusieurs coups de canon , tirés de dessus le Grand-Pont.

Immédiatement après cette annonce , une distribution abondante de vivres fut faite aux indigens par les soins de la mère des pauvres, de la consolatrice des affligés , enfin de la bonne et de l'excellente madame Barthe née Alexandre.

A neuf heures du matin , les ouvriers des deux sexes , ayant travaillé à la construction du Grand-Pont d'Auterive , se rendirent devant la porte de la maison habitée par M. Maurette, chaque corps de ces ouvriers ayant sa bannière spéciale surmontée de festons , de guirlandes et de couronnes de fleurs de diverses espèces.

Les tombeliers étaient distingués de leurs camarades par une oriflamme aux trois couleurs.

De là le cortége , ayant à sa tête les musiciens et plusieurs Membres de la Société , se dirigea vers le logement de la fiancée.

Un grand cercle fut formé au-devant de la porte de ce logement. Au centre , on voyait un bureau où la fiancée , accompagnée de ses donzelles , vint s'asseoir ; un Membre de la société lui donnant la main.

Là furent comptés par M. Maurette , en quinze pièces d'or , les trois cents francs promis. La quittance de cette somme dressée immédiatement par M. Sartor, avocat et notaire du pays, fut signée des parties, des témoins et de tous les assistans qui voulurent le faire, aux cris mille fois répétés de vive le Roi! vive la Famille Royale (1).

Cette formalité remplie, le cortége se rendit à l'église succursale de la Madelaine, après avoir parcouru les rues principales du faubourg du même nom. L'on voyait à sa tête des Membres de la Société, et la fiancée, un très-beau bouquet blanc artificiel à la main et un diadême nuptial de la même composition sur sa tête, donnant le bras à M. Maurette.

Les musiciens marchaient à la tête du cortége et faisaient entendre les sons les plus harmonieux et les plus analogues à la circonstance. Chacun était à sa véritable place. En passant au devant de la maison du fiancé, celui-ci fut placé au milieu d'un groupe de jeunes gens, composé de ses amis et de ses connaissances particulières.

Avant d'entrer dans l'église de la Madelaine, et au sortir, il fut tiré plusieurs coups de canon.

____

(1) Copie de cette quittance est ci-jointe, sous le n.º 8.

M. le Curé du canton voulut bien lui-même, sur l'invitation qui lui en avait été faite, procéder à la bénédiction du mariage des nouveaux époux. L'autel avait été paré comme aux jours des plus grandes solennités. A la fin de la célébration de la messe, les prières pour la conservation des jours de Sa Majesté et de ceux de la Famille Royale, furent récitées, après avoir chanté le *Domine*, *salvum fac regem Ludovicum-Philippum nostrum*, *etc*, *etc.*, *etc.*

Sorti de l'église, le cortége dans le même ordre décrit ci-dessus, ayant à sa tête les nouveaux époux, précédés des musiciens, traversa l'Ariége sur le Pont récemment construit, et parcourut ainsi toutes les principales rues de la ville d'Auterive, mêlant de temps à autre des chants patriotiques aux airs de la musique, et brandissant dans les airs des branches de verdure à chaque *vivat* prononcé énergiquement en faveur du Roi et de sa Famille.

Dans le cortége, l'on remarquait une ouvrière entre deux ouvriers à-peu-près du même âge ; M. Maurette, en grande tenue d'Ingénieur des ponts-et-chaussées, marchait à côté de la mariée, qui donnait le bras à son mari.

C'est dans cet état qu'on arriva devant la maison des nouveaux époux. Ceux-ci y entrèrent pour se délasser des fatigues qu'ils venaient d'éprouver ; mais non sans témoigner auparavant à la Société leur sensibilité de ce qui venait de se passer en leur faveur. Les paroles prononcées à ce sujet furent recueillies avec d'autant plus de plaisir, qu'elles sortirent de la bouche de la mariée du ton le plus modeste et le plus gracieux.

Suivant les intentions de la Société, il fut ensuite distribué à chacun des ouvriers des deux sexes indistinctement, ayant travaillé à la construction du Grand-Pont d'Auterive, la somme de deux francs de gratification, pour aller boire à la santé du Roi et de sa Famille, et lui tenir lieu du banquet qui aurait eu lieu sur le Pont, si la dernière pierre de ce monument eût été posée.

Aucun ouvrier ne manqua à l'appel qui fut fait de son nom avant la distribution des fonds. Une petite allocution improvisée leur fut faite par le surveillant des travaux, chargé de faire cet appel (1).

____

(1) Tout ce qu'on a pu retenir de cette allocution improvisée est ci-joint, sous le n.° 9.

Vers trois heures de l'après-midi, quand les dînés particuliers furent terminés, tout le monde se rendit sur la promenade du faubourg de la Madelaine, dans les environs du Pont, où un théâtre pour les musiciens avait été dressé, et où l'on se livra au plaisir de la danse, sans ménagement, jusques bien avant dans la nuit ; ce qui eut lieu également dans une grande salle au rez-de-chaussée, dans le voisinage, laquelle avait été décorée, illuminée, enfin préparée en conséquence.

A la chute du jour, le Grand-Pont, ainsi que ses abords de droite et de gauche, qui avaient été décorés la veille d'une très-grande quantité de peupliers d'Italie verts, garnis de leurs branches portant leurs feuilles, ce qui formait un coup-d'œil ravissant, furent illuminés comme par enchantement, dans quelques minutes, au moyen de lanternes aux trois couleurs, portant chacune des transparens différens, et notamment des *vivat* de toutes façons en l'honneur du Roi, de la Famille Royale, de la Charte, des Héros de Juillet, etc.

Cette illumination fut le signal de celle qu'on remarqua presque au même instant aux fenêtres des maisons de la ville et des faubourgs ; elle attira un grand concours de monde, principalement sur le Pont et dans les environs.

Enfin, avec elle se terminèrent les jeux et les plaisirs de cette heureuse journée, que le plus beau temps favorisa, que rien ne vint troubler, où les cœurs paraissaient confondus dans le même sentiment, l'amour du Roi et de son auguste Famille ! enfin, où l'on n'éprouva qu'un seul regret, celui de ne pas voir poser par M. le Maire de la commune d'Auterive, *assisté de MM. les Adjoints et de MM. les Membres du Conseil Municipal*, la dernière pierre du Pont ; ce qui eût comblé de joie les Membres de la Société exécutante et concessionnaire de ce grand Monument, qui venaient de faire tant de frais.

Si cette pose de dernière pierre eût eu lieu comme l'on s'en était flatté jusqu'au dernier moment, et comme tout le monde le désirait si vivement, après que M. le Maire eût sans doute prononcé le discours d'usage en pareille circonstance, M. Maurette eût adressé aux citoyens présens une allocution analogue au moment présent (1).

Cette allocution n'était point la seule pré-

____

(1) Copie de cette allocution est ci-jointe, sous le n.º 10.

parée d'avance; plusieurs autres l'étaient également. Leurs auteurs n'ont pas permis qu'elles fussent publiées par la voie de l'impression : deux seulement, dans le même cas, n'ont pu résister aux instances qui leur ont été faites pour autoriser la publication de leurs discours (1).

------

(1) Copies de ces discours sont ci-jointes, sous les n.ºs 11 et 12.

PIÈCES

RELATIVES

A LA RELATION PRÉCÉDENTE.

N.° 1.

A M. le Maire de la commune d'Auterive.

Auterive, le 14 Mars 1832.

Monsieur le Maire,

La Société du Grand-Pont d'Auterive sur l'Ariége s'estimera heureuse que vous veuillez-bien, *assisté de MM. les Adjoints et de MM. les Membres du Corps Municipal*, poser la dernière pierre de ce monument, avec toute la pompe employée ordinairement en pareille circonstance.

Le jour de la pose de la dernière pierre a été fixé au 1.er Mai prochain 1832, anniversaire de celui de la pose de la première pierre du même Pont.

Un programme de fête a été dressé en conséquence,

par la Société, le 26 février dernier, et je remplis les intentions de cette dernière en vous l'adressant ci-contre.

J'ai l'honneur d'être avec la plus parfaite considération,

Monsieur le Maire,

Votre très-humble et très-obéissant serviteur,

MAURETTE,

Directeur de la Société et des travaux du Grand-Pont d'Auterive.

N.º 2.

PROGRAMME

Des Cérémonies civiles et religieuses qui auront lieu le jour de la pose de la dernière pierre du Grand-Pont d'Auterive sur l'Ariége, le 1.er Mai 1832, anniversaire de celui de la pose de la première pierre du même Pont.

M. le Maire, MM. les Adjoints et MM. les Membres du Conseil Municipal de la commune d'Auterive seront invités à vouloir bien procéder à la pose de la dernière pierre du Pont, le 1.er Mai 1832, anniversaire du jour de la pose de la première pierre de ce même Pont.

En conséquence, la veille, 3o avril, la cérémonie du lendemain sera annoncée, au coucher du soleil, par une salve de plusieurs coups de canon.

A dix heures du soir du même jour, il sera lancé dans les airs, au-dessus du milieu du Pont, un bouquet de fusées d'artifice.

Le 1.er Mai, à la pointe du jour, la fête sera annoncée comme la veille.

Immédiatement après, une distribution abondante de vivres sera faite aux indigens.

A huit heures du matin, les Membres de la Société se réuniront dans les salles de l'Hôtel de Ville, et y attendront MM. les Magistrats Municipaux.

A la même heure, tous les ouvriers des deux sexes ayant travaillé à la construction du Pont, se rendront sur la place, en face de la maison commune ; chaque corps de ces ouvriers portant sa bannière spéciale.

Les tombeliers, montés sur leur chevaux atelés sur six de front, et formant plusieurs lignes, conduiront sur la même place un char de forme antique, préparé à l'avance, sur lequel la pierre à poser aura été mise.

Un de ces tombeliers à cheval, précédant ses camarades, portera une oriflamme.

A neuf heures, une nouvelle salve de plusieurs coups de canon annoncera le commencement de la fête.

Le cortége, sorti de l'Hôtel de Ville, parcourra les rues et les places désignées ci-après ;

Savoir :

La Grande-Place, côté gauche ;
La rue de la Place ;
La place Notre-Dame ;

La rue de la Treille ;
La rue d'Antume ;
La place de la Leze ;
La rue de la Leze ;
La rue Saint-Michel,
Et la Grande-Place , côté droit.

Il se rendra à l'église paroissiale pour assister à la bénédiction de la dernière pierre, que MM. du clergé seront priés de vouloir bien faire.

Le cortége aura lieu dans l'ordre suivant :

Premier corps de musiciens.

M. le Maire ;
MM. les Adjoints ;
MM. les Membres du Conseil Municipal ;
M. le Secrétaire-Greffier de la commune ;

Les appareilleurs, tailleurs de pierre, maçons , gacheurs, arrimeurs, charpentiers, menuisiers, serruriers, taillàndiers, forgerons, peintres, vitriers, terrassiers, et manouvriers des deux sexes.

Deuxième corps de musiciens.

Les tombeliers montés sur leurs chevaux traînant le char portant la dernière pierre.

MM. les Membres de la Société.

Les marches et les chants, composés exprès à raison de la fête, se feront entendre, de temps à autre, pendant toute la durée de la cérémonie.

Chacun des acteurs de la scène portera à la main une branche d'arbre garnie de ses feuilles, qu'il brandira de temps en temps dans les airs.

La dernière pierre bénie, l'on sortira de l'église,

et le cortége, dans le même ordre indiqué ci-dessus, parcourra les places et les rues de la Ville, désignées par les noms suivans;

SAVOIR :

La Grande-Place, côté gauche;

La Grande-Rue;

La rue Mercadal.

Sorti de la Ville, il traversera sur le petit pont à deux arches le canal d'amené du moulin Marseillan, et la rivière de l'Ariége sur le Grand-Pont récemment construit en maçonnerie.

Le cortége parcourra ensuite les faubourgs de St.-Martin et de la Madelaine, en passant par les rues désignées ci-après;

SAVOIR :

La Rue-Neuve, promenade;

La rue Saint-Martin;

Le chemin de Liceri;

La rue du Cimetière;

La rue des Couteliers;

La grande route de Toulouse à Foix;

La rue du Pont-Vieux;

La Rue-Neuve, promenade.

Enfin, il reviendra sur le Grand-Pont récemment construit, où l'Autorité Municipale procédera à la pose de la dernière pierre, avec toutes les formalités employées ordinairement en pareille circonstance.

M. le Maire prononcera à cette occasion le discours d'usage.

M. le Directeur de la Société fera telle allocution qu'il jugera à propos.

La parole sera ensuite accordée à ceux qui la demanderont pour lire ce qu'ils auront pu composer relativement à la fête du jour.

Procès-verbal de la cérémonie sera dressé et signé par tous les assistans.

Entre chaque discours prononcé, les chants et la musique se feront alternativement entendre.

Pendant la pose de la dernière pierre, on chantera à grand orchestre la cantate composée par les amateurs et les artistes de la Société, soit pour les paroles, soit pour la musique.

Le procès-verbal dressé, les discours prononcés, les chants et la musique composés exprès, seront renfermés dans une urne, laquelle, bien lutée et enveloppée, sera placée dans le corps de la dernière pierre, pour apprendre à la postérité le nom des Magistrats qui ont favorisé et encouragé l'établissement du Pont, ainsi que celui des Membres de la Compagnie qui l'ont fait exécuter à leurs frais, risques et périls.

Cette partie de la cérémonie terminée, le cortége se rendra, toujours dans le même ordre, sur la Grande-Place et dans les salles de l'Hôtel de Ville, pour y accompagner le Corps Municipal, et le remercier de sa bienveillance envers la Société.

Chacun alors se retirera pendant quelques instans chez lui.

A une heure commenceront les danses et les différens jeux de bascule, d'escarpolette et autres qui auront été préparés dès la veille ou le matin.

Ces amusemens divers seront interrompus à trois heures pour se livrer aux plaisirs de la table. Un ample couvert sera dressé sur le Grand-Pont. La Société l'ayant fait construire fera tous les frais du banquet; elle y invitera les personnes qu'elle jugera à propos de désigner. Tous les ouvriers des deux sexes qui auront travaillé au Grand-Pont, et dont on aura été satisfait des services, en feront partie.

Pendant le banquet, qui sera présidé par un Membre de la Société, tandis que tous les autres en feront les honneurs, il sera porté plusieurs toats.

La musique, placée aux deux bouts de la table, se fera entendre sans interruption, si ce n'est pendant le moment des toats.

Le signal de la fin du banquet donné, chacun se livrera, s'il le veut, aux amusemens de la danse qui recommenceront, et aux jeux de bague, de bascule, etc.

Enfin, à l'entrée de la nuit, le Grand-Pont, qui aura été décoré le matin d'arbres verts, de festons et de guirlandes, auxquels on aura ajouté après-midi les bannières et oriflammes qui auront paru au cortége, sera, à l'entrée de la nuit, illuminé complètement sur toute son étendue des deux côtés.

Adopté par la Société du Grand-Pont d'Auterive, réunie en assemblée générale, le 26 février 1832, sans aucune sorte de modification.

Auterive, le 10 mars 1832.

MAURETTE,

Ingénieur des ponts-et-chaussées, Directeur de la Société du Grand-Pont d'Auterive, sur l'Ariége.

N.º 3.

A M. MAURETTE, *Ingénieur des ponts-et-chaussées.*

AUTERIVE, 14 *Mars* 1832.

MONSIEUR,

J'AI reçu la lettre que vous m'avez fait l'honneur de m'écrire, et, avec elle, le programme qu'elle m'annonce. L'Administration d'Auterive en prendra connaissance, et, en temps opportun, vous fera part de sa décision.

J'ai l'honneur d'être, Monsieur, avec la plus parfaite considération,

Votre très-humble et obéissant serviteur,

AUG.ᶜ LASSALLE,
Maire *ad interim.*

N.º 4.

A M. MAURETTE, *Ingénieur des ponts-et-chaussées.*

AUTERIVE, *le* 16 *Avril* 1832.

MONSIEUR,

. . . .
. . . . J'ai donc, Monsieur, le regret de vous annoncer que je ne pourrai assister à la pose de la dernière pierre du Pont. Mon collègue, à qui j'ai fait part de ma détermination, sans cependant vouloir guider la sienne, m'a dit être du même sentiment. Je voulais,

avant de vous en instruire, consulter le Conseil Municipal sur ce sujet ; j'ai pensé depuis que quelques Membres en pourraient induire que je cherche à les détourner de répondre à votre invitation, j'ai cru alors devoir m'en abstenir ; seulement, à sa première réunion, je mettrai sous ses yeux et votre programme et la lettre qui l'accompagne.

Comme nous avons résolu de renvoyer la solennité de la fête du Roi au dimanche qui suit le 1.ᵉʳ mai, il vous sera loisible d'exécuter votre projet le jour que vous avez arrêté, ne mettant d'autre restriction à votre programme que la non-présence de l'Administration.

. . . .

J'ai l'honneur dêtre, avec la plus parfaite considération,

MONSIEUR,

Votre très-humble et obéissant serviteur,

AUG.ᵉ LASSALLE,
Maire *ad interim.*

N.º 5.

———

A M. MAURETTE, *Ingénieur des ponts-et-chaussées.*

AUTERIVE, *le 24 Avril* 1832.

MONSIEUR,

. . . . J'EUS l'honneur de vous écrire, il y a quelques jours, que je me voyais, à regret, obligé de prendre la détermination de ne point assister à la pose de la dernière pierre du Pont d'Auterive. J'appuyais cette détermination

sur la déplorable prévision que l'exécution du tarif or-
donnancé me faisait entrevoir.

La noble et loyale conduite de M. *Charles de Noël*,
devenu adjudicataire, ayant fait cesser mes craintes, j'ai
dû aussi changer de résolution. J'ai donc l'honneur de
vous annoncer, Monsieur, que j'assisterai à cette cérémonie.

J'ai l'honneur d'être, avec la plus parfaite consdération,

MONSIEUR

Votre très-humble et obéissant
serviteur,

AUG.ᶜ LASSALE,
Maire *ad interim.*

N.º 6.

——

A M. LE MAIRE *de la Commune d'Auterive.*

AUTERIVE, *le* 20 *Mars* 1832.

MONSIEUR LE MAIRE,

J'AI une trop haute opinion des sentimens patriotiques
qui animent le Corps Municipal de la commune d'Auterive, pour ne pas être convaincu qu'il se propose de
célébrer la fête prochaine de Sa Majesté avec toute la
pompe employée ordinairement en pareille circonstance.

Désirant, Monsieur le Maire, contribuer, de mes
faibles moyens, à la célébration de cette fête, ainsi
qu'à tout ce qui serait dans le cas d'en rehausser l'éclat,
je prends ici l'engagement d'ajouter la somme de *trois
cents francs* à la dot de la fille qui, la première, se
présentera devant vous, pour déclarer qu'elle consent

à retarder ou à avancer son mariage , de manière à ce que ce dernier puisse avoir lieu le premier mai prochain ; bien entendu , toutefois, que la préférence devra être accordée à une ouvrière ayant travaillé au Grand-Pont en maçonnerie , nouvellement construit ici sur l'Ariége.

J'ai l'honneur d'être, avec la plus parfaite considération ,

MONSIEUR LE MAIRE ,

Votre très-humble et très-obéissant serviteur ,

MAURETTE ,

Ingénieur des ponts-et-chaussées , Directeur de la Société et des travaux du Grand-Pont en construction sur l'Ariége , à Auterive.

N.° 7.

AUTERIVE , le 23 Mars 1832.

LE MAIRE d'Auterive

à Monsieur MAURETTE , Ingénieur des ponts-et-chaussées , Directeur de la Société et des travaux du Grand-Pont en construction sur l'Ariége , à Auterive.

MONSIEUR ,

En lisant votre lettre du 20 mars 1832 , par laquelle vous voulez bien prendre l'engagement d'ajouter la somme de trois cents francs à la dot de la fille qui retarderait ou avancerait son mariage , de manière à ce qu'il eût lieu le premier mai prochain, en accordant, toutefois, la préférence à une ouvrière du Pont, l'Autorité Municipale n'a pu qu'applaudir aux sentimens patriotiques qui vous ont inspiré l'idée d'une offre si généreuse; elle se félicite, en même temps, de l'occasion que vous nous donnez d'augmenter l'éclat de la fête du Roi des Français.

Notre intention était de faire placarder à la ville et aux faubourgs plusieurs affiches, par lesquelles il aurait été donné, aux habitans d'Auterive, connaissance de votre projet pour le premier mai ; nous pensions que ce moyen de publicité aurait suffi pour en réaliser l'exécution. Certes, nous ne nous trompions pas ; car à peine votre lettre nous était parvenue, que la nommée *Germaine Razés* est venue déclarer qu'elle venait se faire inscrire pour avoir droit à la gratification que vous avez offerte. Ce sera donc *Germaine Razés* qui , aux termes de votre lettre du 20 mars 1832, sera la Rosière du premier mai.

Agréez, Monsieur , l'assurance de ma considération très-distinguée.

Le Maire d'Auterive ,
RAVIGUE , *Adjoint.*

N.º 8.

Du 1.ᵉʳ Mai 1832.

Don de 300 fr. fait par M. MAURETTE, Ingénieur des ponts-et-chaussées, en faveur de Germaine Razés.

PARDEVANT nous Pierre Sartor , avocat et notaire royal à la résidence d'Auterive , département de la

Haute-Garonne, et les témoins bas nommés, avant midi, à Auterive, canton de ce nom, arrondissement de Muret, dans la paroisse de la Madelaine, au domicile du sieur Guillaume Razés, cultivateur, rue Saint-Martin,

A comparu M. Maurette (Raymond-Marie), ingénieur des ponts-et-chaussées, habitant de la ville de Toulouse, rue Perchepinte, n.º 5, actuellement résidant à Auterive, chez M. Barthe, propriétaire ; mondit sieur Maurette, adjudicataire du Grand-Pont d'Auterive, construit sur l'Ariége en 1831 ; lequel nous a dit que le 20 mars dernier il écrivit à M. le Maire d'Auterive une lettre conçue en ces termes :

« MONSIEUR LE MAIRE,

» J'ai une trop haute opinion des sentimens patriotiques qui animent le Corps Municipal de la commune d'Auterive, pour ne pas être convaincu qu'il se propose de célébrer la fête prochaine de Sa Majesté avec toute la pompe employée ordinairement en pareille circonstance.

» Désirant, Monsieur le Maire, contribuer, de mes faibles moyens, à la célébration de cette fête, ainsi qu'à tout ce qui serait dans le cas d'en rehausser l'éclat, je prends ici l'engagement d'ajouter la somme de *trois cents francs* à la dot de la fille qui, la première, se présentera devant vous, pour déclarer qu'elle consent à retarder ou à avancer son mariage, de manière à ce qu'il puisse avoir lieu le premier mai prochain ; bien entendu, toutefois, que la préférence devra être accordée à une ouvrière, ayant travaillé au Grand-Pont en maçonnerie, nouvellement construit ici, sur l'Ariége. — J'ai l'honneur d'être, avec la plus parfaite considération,

Monsieur le Maire, votre très-humble et très-obéissant serviteur, MAURETTE, ingénieur des ponts-et-chaussées ».

Que le vingt-trois du même mois Monsieur le Maire d'Auterive lui répondit, par une lettre ainsi conçue : « Monsieur, en lisant votre lettre du 20 mars 1832, par laquelle vous voulez bien prendre l'engagement d'ajouter la somme de trois cents francs à la dot de la fille qui retarderait ou avancerait son mariage, de manière à ce qu'il eût lieu le premier mai prochain, en accordant, toutefois, la préférence à une ouvrière du Pont, l'Autorité Municipale n'a pu qu'applaudir aux sentimens patriotiques qui vous inspirent l'idée d'une offre si généreuse ; elle se félicite, en même temps, de l'occasion que vous nous donnez d'augmenter l'éclat de la fête du Roi des Français.

» Notre intention était de faire placarder, à la ville et aux faubourgs, plusieurs affiches, par lesquelles il aurait été donné, aux habitans d'Auterive, connaissance de votre projet pour le premier mai ; nous pensions que ce moyen de publicité auroit suffi pour en réaliser l'exécution : certes, nous ne nous trompions pas ; car à peine votre lettre nous était parvenue, que la nommée Germaine Razés est venue déclarer qu'elle venait se faire inscrire pour avoir droit à la gratification que vous avez offerte. Ce sera donc Germaine Razés qui, aux termes de votre lettre du 20 mars 1832, sera la Rosière du premier mai. — Agréez, Monsieur, l'assurance de ma considération très-distinguée. — *Le Maire d'Auterive*, RAVIGUE, *Adjoint* ».

En conséquence de tout ce dessus, et à cause de l'heureux achèvement du Pont d'Auterive, qui a été déjà livré au public depuis le premier mars dernier,

Monsieur Maurette a présentement compté sur table, de ses propres deniers, ladite somme de *trois cents francs*, en quinze pièces d'or de vingt francs chacune, qui a été prise et retirée par ladite Germaine Razés, avec le consentement des sieurs Jacques Caubet, son mari, et de Guillaume Razés, son père, cultivateurs; tous présens, habitans de la présente ville d'Auterive, et ladite Germaine Razés, acceptant et remerciant Monsieur Maurette. Laquelle somme de trois cents francs a été comptée par Monsieur Maurette à ladite Germaine Razés, au vu de nous notaire et témoins, et encore en présence de plusieurs autres assistans, parens et amis, qui ont tous spontanément fait entendre les cris répétés de VIVE LE ROI DES FRANÇAIS! VIVE LA FAMILLE ROYALE! que leurs bienfaits soient à jamais gravés dans tous les cœurs. Vive Monsieur MAURETTE! à qui nous devons le Pont.

De tout quoi, M. Maurette nous a requis acte.

Fait, passé et lu aux parties, en présence des témoins, à Auterive, dans la maison du sieur Razés, père de la nouvelle mariée, qui doit épouser aujourd'hui dans l'église de la Madelaine, avec toute la solennité de la fête, le premier mai 1832, en présence des sieurs *Clément - Jacques Barthe*, propriétaire, et *Arnaud Lanes*, aussi propriétaire, habitans d'Auterive, témoins instrumentaires requis, qui ont signé, avec Monsieur Maurette, ingénieur, et nous notaire, ces présentes, non les autres parties, qui ont toutes déclaré ne savoir signer, de ce par nous interpellées, après lecture faite.

Tous les assistans qui ont voulu signer ont signé ces présentes, pour l'honneur seulement, MAURETTE, BARTHE, LANES, PARENT, BARTHE, Pierre BRUS,

Rupé, Demus, Lapenne, Mandeville, Sadout, Razés, Combet, Brondes, Jean Troy, Brousse, Louis Combet, Pons, Antoine Rous, Salafa, Antoine, et SARTOR, notaire, signés à la minute.

Enregistré à Auterive, le deux mai mil huit cent trente-deux, folio 133, verso, case 1.re, reçu onze francs cinquante-cinq centimes, décime compris.

Peyras, receveur, *signé*.

Pour expédition,
SARTOR, *N. R.*

N.° 9.

IMPROVISATION

Adressée aux Ouvriers par le Surveillant des travaux, avant la distribution d'une gratification de 2 francs.

Citoyens laborieux, qui dans l'exercice spécial de votre profession, avez chacun contribué à la construction de ce Pont, et qui par votre activité, votre docilité et votre exactitude à remplir vos devoirs, êtes devenus l'objet de l'affection du généreux Chef de l'entreprise, je me félicite de pouvoir dans ce jour de réjouissance me présenter pour être l'interprète des légitimes sentimens de la reconnaissance que nous devons à M. Maurette, dont les bienfaits que vous recevez aujourd'hui vous en imposent plus particulièrement l'obligation. J'ose me flatter qu'il n'y en a aucun parmi vous qui ne soit disposé à lui en donner des preuves, par son empressement à le servir encore, avec le même zèle, dans l'achevément des travaux qui restent à faire.

En attendant, conservez – lui , dans la sincérité de votre cœur, les sentimens d'affection et de dévouement dont vous êtes tous animés.

N.º 10.

___

DISCOURS

Destiné à être lu par M. MAURETTE, *le jour de la pose de la dernière pierre du Grand-Pont d'Auterive , sur l'Ariége.*

___

MESSIEURS ,

CE fut un bonheur particulier pour nous que de poser la première pierre du Pont d'Auterive, le jour où, pour la première fois, nous célébrions la fête du Roi que la révolution de juillet a placé sur le trône des Français. Il fut doux , en effet , pour notre patriotisme d'ajouter à l'éclat et à la pompe de cette solennité, en jettant les bases d'un monument qui doit avoir tant d'influence sur la prospérité de ces riches contrées.

Grâces aux soins les plus actifs et les plus soutenus , le jour qui, pour la seconde fois, nous ramène cette fête chérie, a vu mettre la dernière pierre à ce grand et utile ouvrage, et nous permet de mêler à nos transports de joie le nom du Roi, dont l'élévation assure à jamais le triomphe de nos libertés, le règne des lois et la félicité publique.

Il repose enfin, sur les deux rives de l'Ariége, ce Pont dont vos besoins et vos vœux réclamaient depuis tant de temps la construction ; et, par un prodige assez rare, la fin de cette belle entreprise touche presque à son commencement. On dirait que le Pont est sorti tout d'un coup du fond des eaux, pour se montrer, en moins d'un an, perfectionné dans toutes ses parties, et obéir ainsi aux désirs impatiens de la population nombreuse qui nous environne.

Tant de célérité dans les opérations, une construction improvisée dans si peu de jours, ont dû d'autant plus vous charmer et vous surprendre, qu'un délai plus long nous avait été accordé pour l'achèvement de nos travaux, et que des difficultés graves avaient auparavant éloigné le moment où l'on aurait pu les commencer.

Vous n'ignorez pas que six adjudications avaient été vainement annoncées. Tous les soumissionnaires avaient reculé devant les conditions trop onéreuses qu'on voulait leur imposer. Enfin, un appel leur fut fait pour la septième fois. Alors la Compagnie Maurette qui, par ses constans efforts auprès de l'Administration, avait essayé d'écarter les obstacles qui empêchaient qu'on n'exécutât un projet dont l'accomplissement était trop différé, se présenta pour se charger, à ses périls et risques, d'une entreprise dont elle avait, avant tous, conçu le dessein et développé le plan et les détails.

Alors elle se montra jalouse de vous dédommager, par une exécution rapide, de l'impatience pénible que vous avaient causées les interminables lenteurs qui précédèrent son adjudication. A-t-on jamais donné l'exemple d'une activité aussi grande que celle dont vous avez été les témoins ?

L'adjudication eut lieu le 25 avril 1831. Les travaux furent ouverts le premier juillet suivant. Au bout de huit mois le passage du Pont put être livré sans danger aux voyageurs ; enfin, vous en jouissez tous depuis le premier mars dernier, et cependant dix-huit mois étaient encore devant nous, pendant lesquels il nous eût été libre de prolonger la durée des ouvrages, sans qu'on eût eu le droit de nous reprocher quelque lenteur.

Mais l'activité qui nous animait pour hâter la construction et l'achèvement du Pont, n'a point nui ni à sa solidité, ni à sa beauté. Nous avons provoqué l'examen de tous ceux qui étaient capables d'apprécier nos travaux, et leur belle exécution nous a mérité des témoignages très-flatteurs de la part des artistes les plus distingués, et des ingénieurs des ponts-et-chaussées qui les ont visités et vérifiés avec l'attention la plus scrupuleuse.

Qu'il nous soit donc permis de nous féliciter d'avoir rempli, dans toute leur étendue et même au-delà de toute prévision, les conditions que nous avions acceptées, quoiqu'elles fussent très-désavantageuses.

Sans doute le témoignage que nous avons le droit de nous rendre à nous-même, d'avoir satisfait avec fidélité à nos engagemens, excite dans nos cœurs un vif plaisir ; mais la récompense la plus douce de nos soins, de nos soucis et de nos travaux, sera dans les avantages immenses que l'établissement du Pont vous procurera.

Déjà depuis deux mois vous êtes à même d'en connaître tout le prix et toute l'étendue ; déjà vos anciennes rélations ont acquis un plus grand développement, et une plus grande activité a régné dans les affaires qui se sont singulièrement multipliées.

Des rapports nouveaux se sont établis entre les habitans des deux rives de l'Ariége , et ces liaisons deviendront chaque jour plus intimes , par la facilité des communications que la crue des eaux la plus extraordinaire ne pourra jamais interrompre.

Des résultats plus heureux encore se font entrevoir dans un avenir qui n'est pas éloigné. Des rivalités malheureuses ont long-temps divisé les habitans de la ville d'Auterive et ceux de son principal faubourg; ils semblaient former deux peuples différens, parce qu'ils occupaient les rives opposées de l'Ariége. L'établissement du Pont, en fournissant aux citoyens l'occasion de se voir plus fréquemment et plus facilement, fera disparaître les petites jalousies qui entretenaient ces ridicules divisions. La jonction qui vient de s'opérer entre les deux rives de l'Ariége, rapprochera tous les habitans de la commune d'Auterive, pour n'en faire qu'une seule famille.

Cette réunion désirée serait encore doucement amenée par la marche de la civilisation, dont les progrès seront toujours plus rapides à mesure que le cercle de vos opérations agricoles, industrielles et commerciales s'agrandira davantage.

Combien les sources de prospérité qui déjà sont ouvertes pour vous, deviendront-elles plus fécondes lorsque, par des travaux réguliers, l'on aura rendues praticables les deux routes départementales qui conduisent à Muret et à Villefranche! Alors, à l'aide du Pont suspendu qu'on construit sur la Garonne, près de la première de ces deux Villes , vous aurez une communication directe avec le Canal des Pyrénées dont une loi récente vient d'autoriser l'érection. Alors les marchandises étrangères arriveront promptement et à peu de frais au milieu de vous. Vous pourrez exporter avec la même célérité et la même économie les productions indigènes. Il y aura donc facilité pour les échanges et pour les transports. Cet avantage inapréciable fera naître et développer, au sein d'une population active, tous les genres d'industrie que favoriseront le plus les circonstances locales, et les rapports commerciaux que vous aurez créés.

Vos domaines ruraux et vos maisons de campagne acquerront une plus grande valeur, à cause du perfectionnement des routes et de la liberté des communication dont la variation des saisons n'interdira jamais l'usage. Alors, vous ne craindrez point d'entreprendre de grandes réparations, d'essayer sur vos terres les modes d'exploitation adoptés par les pays de grande culture, et de vous livrer enfin à toutes les spéculations qui conviendront à votre position, parce que vous serez toujours certains de recueillir les avantages que vous en attendrez.

Le commerce même des céréales, auquel la nature de votre sol vous a forcé de donner la préférence, et qui l'obtiendra encore pendant long-temps, prendra plus d'extension, et recevra, pour ainsi dire, une nouvelle vie, quoique des succès notoires aient plus d'une fois suivi vos spéculations.

Enfin, l'industrie appelée, secondée par les nouvelles richesses qu'une agriculture mieux entendue doit bientôt produire, s'acclimatera parmi vous; elle y apportera tous les avantages qui l'accompagnent partout où elle peut se fixer. Les opérations commerciales seront plus étendues; l'aisance deviendra plus générale; de grands établissemens se formeront, et une population plus nombreuse couvrira vos contrées, parce que les hommes courent en foule là où un travail assuré leur garantit des ressources suffisantes pour leur premiers besoins , et leur offre l'espoir d'améliorer leur existence.

Tel est le tableau séduisant mais vrai d'une prospérité nouvelle qui se présente devant vous. Vous pouvez y fixer vos yeux avec confiance , et le regarder comme un but certain vers lequel vous devez diriger vos efforts : un avenir heureux vous y conduira rapidement.

Entrez donc avec ardeur dans la carrière qui vous est ouverte , puisque la récompense vous attend au bout de la course. Hâtez-vous de travailler pour vous-même et pour les générations qui vous remplaceront.

Puissent bientôt se réaliser d'aussi belles espérances ! Tel sera toujours l'objet de nos vœux , et nous n'aurons rien à désirer pour nous-même, si vous nous laissez penser que nous avons contribué en quelque chose aux succès qui couronneront vos entreprises.

Vive le Roi !

N.° II.

Autre Discours qui devait être prononcé le 1.ᵉʳ Mai 1832 , à l'occasion de la pose de la dernière pierre du Grand-Pont d'Auterive , sur l'Ariège.

Les fréquens et fâcheux accidens auxquels donnait trop souvent lieu le passage du bac, faisaient sentir la nécessité de construire un Pont qui facilitât la communication de l'une à l'autre rive d'une manière prompte et sans danger.

Le désir constamment entretenu de pourvoir à un si important besoin, n'aurait peut-être jamais été rempli,

si des citoyens estimables et dévoués au bien public,
ne se fussent réunis et n'eussent accueilli la proposition
philanthropique de leur honorable chef, de faire exécuter
un pareil monument dont on ne saurait contester l'utilité
et l'importance, ni les précieux avantages qui doivent
nécessairement en résulter pour les habitans du pays
et pour les populations des contrées environnantes.

Les soins, les peines, les dépenses considérables et
les sacrifices personnels de tout genre ne furent
point épargnés par le généreux auteur de cette noble
entreprise pour en obtenir le succès, malgré tous les
efforts sans cesse renaissans que la jalousie mettait en
usage pour y porter obstacle et la faire échouer.

Déjà on désespérait de sa réussite, et les plus pénibles
regrets succédaient à la plus flatteuse espérance,
lorsque, sortant vainqueur de la lutte opiniâtre, celui
à l'imperturbable fermeté duquel vous êtes redevables
du bienfait que vous en attendiez, vous annonça l'or-
donnance qui autorisait la construction du Pont si long-
temps désiré.

La joie générale que l'on fit unanimement éclater en
apprenant cette heureuse nouvelle, et surtout l'enthousiasme avec lequel on procéda à la pose de la première
pierre fondamentale, pour contribuer à embellir la Fête
du Roi des Français et témoigner ainsi la légitime reconnaissance de sa bienveillance royale, prouvèrent jusqu'à
l'évidence combien on savait apprécier l'importance de
cette utile construction, et reconnaître la supériorité d'un
service désormais constant, commode, prompt, facile,
exempt de tout danger et uniforme dans ses exigences,
sur un service chanceusement bizarre, souvent suspendu
dans son exercice par les dangers et les inconveniens

inséparables de la variation des temps, de la crue plus ou moins grande et plus ou moins soutenue des eaux; service enfin toujours arbitraire dans ses exigences.

Aussi, pour mettre un terme à tous ces inconveniens dont la classe indigente et la moins fortunée des citoyens avait le plus à souffrir, et pour accélérer la jouissance de tous les avantages si long-temps désirés, l'activité des travaux a été poussée à un si haut dégré par le zèle, les soins, les encouragemens et l'infatigable surveillance de l'honorable chef directeur de l'entreprise, que dans l'espace de moins de huit mois on a vu s'élever, comme par enchantement, ce Pont à cinq arches de grande dimension, pour être livré au service public avec la sécurité d'une solidité reconnue jointe à une élégante exécution, et en faire ensuite coïncider l'inauguration de la pose de la dernière pierre avec le jour même de la fête de Sa Majesté, pour en rehausser la pompe.

Si, dans l'espérance simple du succès de l'entreprise, vous vous livrâtes à pareil jour de l'année dernière aux éclats d'une joie fortement prononcée et si unanime pour la pose de la première pierre fondamentale du Pont, n'avez-vous pas aujourd'hui que vos espérances sont réalisées et que vos souhaits ont été si heureusement accomplis, un bien plus juste motif de la faire éclater de nouveau avec encore plus d'enthousiasme dans la jouissance des avantages réels dont vous êtes désormais en possession, et dans les épanchemens d'une mutuelle et bienveillante fraternité par la légitime manifestation de notre reconnaissance envers le Roi, envers l'honorable chef de l'entreprise, enfin envers les estimables associés à la gloire que ce majestueux monument consacre à la postérité.

* * * *

N.º 12.

AUTRE DISCOURS qui devait être prononcé à l'occasion de la pose de la dernière pierre du Grand - Pont d'Auterive, le 1.ᵉʳ Mai 1832.

HABITANS D'AUTERIVE !

Attiré sur vos bords hospitaliers par le spectacle ravissant qu'offre cette réunion civique, je suis venu partager les douces émotions de votre allégresse.

Qu'il me soit permis de mêler ma voix à la vôtre, et de suivre l'élan sympathique d'un cœur qui sait comme vous obéir aux heureuses inspirations du patriotisme, du génie et des arts.

Oh ! combien je suis fier de répondre à vos transports d'ivresse, au moment où la nature, développant autour de nous les riches tableaux d'une végétation gracieuse, semble s'être revêtue de la robe nuptiale du printemps dont elle exhale les parfums, pour ajouter à la pompe de cette brillante solennité !

De quels sentimens délicieux ne suis-je pas rempli en vous voyant rassemblés comme une troupe de frères ! Ce serait pour moi une heureuse occasion de vous adresser un juste tribut d'éloges ; mais cette tâche est difficile, et ma bouche peu éloquente ne trouve pas de paroles assez énergiques ni pour vous louanger, ni pour exprimer le plaisir pur qui naît d'une fête où la plus franche cordialité règne, où l'esprit de bienveillance et d'amour public anime ceux qui l'embellissent de leur présence.

Vous conserverez comme moi le souvenir de ce beau

jour. Il sera inscrit en caractères ineffaçables dans vos annales. Vos enfans et vos plus petits neveux y liront avec reconnaissance le nom de ceux d'entre vous qui se sont associés à une entreprise éminemment utile ; et si jamais ils avaient à donner des preuves d'intérêt général, de dévouement, de patriotisme, ils n'auraient qu'à imiter l'exemple que vous léguez à la postérité.

Tandis que le temps, destructeur invincible, aura dévoré, anéanti les générations actuelles, ce monument, que vos vœux appelaient, sera toujours debout sur les eaux de vos rives fertiles. Il y fera l'orgueil de votre ville antique ; il s'y conservera au milieu du naufrage des siècles qui passeront devant lui sans retour ; et lorsque, arrivé au terme de sa durée, il devra enfin subir la loi immuable de la destruction et tomber en ruines, ses débris, que le souffle des vents n'aura pu emporter comme il disperse la cendre des morts, laisseront encore la trace de l'ouvrage de l'homme et de l'art que vous avez honoré.

Ici un vaste champ s'ouvre aux réflexions du sage. Que d'utiles leçons ne peut-on point retirer de la fragilité de notre être ! En songeant à la rapidité de la vie qu'une foule d'écueils environne ; en songeant que la puissance humaine, presque sans limite pour ériger, inventer, perfectionner, créer, est circonscrite dans les bornes les plus étroites pour sauver notre existence du choc meurtrier des élémens, ne doit-on pas être saisi d'une salutaire frayeur ? Au lieu de marcher au devant de tout ce qui précipite nos jours vers l'abîme de l'éternité, ne devrions-nous pas nous appliquer à les mettre à l'abri des funestes passions qui en compromettent la durée ?

Ainsi, au milieu de la destruction universelle qui nous environne, prenons la raison, la prudence et l'équité pour guides. Vivons calmes et unis d'une chaîne fraternelle. Que l'envie, l'égoïsme honteux et la noire ingratitude n'empoisonnent aucun de nous; n'oublions jamais nos véritables devoirs envers nous-mêmes, envers nos semblables, à qui nous devons justice et bonté, bienveillance et amour.

L'édifice dont vous posez la dernière pierre manquait à votre industrie, à votre commerce, à votre sûreté, à vos besoins. Un génie actif, un homme dont les nobles pensées sont sans cesse tournées vers les actions honorables vous a consacré ses talens, ses veilles, sa fortune. Vous l'avez vu avec une rapidité étonnante diriger des travaux qui, en des mains moins habiles, eussent demandé plus de temps, plus de dépense, plus de sacrifices. Confiés à ses soins, à sa garde vigilante, à sa sollicitude vos intérêts ont été ménagés, défendus avec zèle ou plutôt avec une sorte de religion qui, dans notre malheureuse époque d'égoïsme et de froid calcul, ne se retrouve plus que dans quelques ames magnanimes où règne l'amour sacré de la vertu.

Honneur, gloire, reconnaissance à celui qui, tournant sur votre beau pays ses regards favorables, conçut l'heureux projet de l'enrichir de ce Pont, qui comme une chaîne solide lie et rapproche deux populations séparées !

Honneur, gloire, reconnaissance à vous qui sachant comprendre le mérite des grandes actions ne voulûtes pas rester étranger à son érection !

Et vous tous, habitans de cette cité, soyez sensibles au bienfait que vous avez reçu. Soyez dignes de l'estime des Citoyens généreux qui vous ont servi. Que votre cœur soit plein d'une loyale reconnaissance ! Que l'ivresse de cette fête solennelle soit pure ! Qu'elle passe, sans tache à la postérité ! Félicitez-vous surtout de posséder un monument que vous attendiez depuis tant d'années. Si les malheurs des temps ont jeté le chagrin et l'inquiétude dans quelques esprits trop faciles à se laisser prévenir, trop prompts à s'allarmer, qu'ils se rassurent ! Nos destinées ne seront point perdues, à l'ombre de lois protectrices, nous n'avons rien à craindre ; sous l'influence de la paix fille du ciel, nous n'avons à espérer que civilisation progressive, que développement de toutes les institutions modernes.

Enfin, à travers les nuages sombres dont l'horizon semble s'obscurcir, l'étoile de la régénération complète brille d'un vif éclat. Au milieu des tempêtes et des bouleversemens dont l'esprit de vertige ose encore menacer le monde, elle plane sur le globe, comme un phare de salut pour diriger les amis de l'humanité vers le triomphe de la liberté ; elle est le présage certain d'un avenir nouveau sur lequel se fondent la prospérité du commerce et de l'industrie, la gloire des arts et le bonheur des peuples.

* * *